AF401376

Lb 49/413

PETIT

DICTIONNAIRE

MINISTÉRIEL.

A PARIS,

CHEZ LES MARCHANDS DE NOUVEAUTÉS.

1826.

IMPRIMERIE DE E. DUVERGER,
rue de Verneuil, n. 4.

INTRODUCTION.

Voyez-vous ce grand portail à demi-colonnes? ces deux arbres à lampions, plantés à droite et à gauche, vous ont fait deviner une administration: vous êtes en effet devant un ministère. Ce local immense, la révolution en avait déshérité des moines pour y établir des commis; aussi nos dévotes excellences semblent-elles ne l'occuper qu'à regret, et se sont-elles promises d'y réinstaller au plutôt ses premiers possesseurs; cette restitution aux corporations religieuses, des domaines que le service de l'état avait envahis, a déjà même reçu un commencement d'exécution? jetons, puisque nous y sommes, un coup d'œil rapide sur la distribution de celui-ci.

Il nous présente d'abord deux divisions bien distinctes : l'hôtel du ministre et les bureaux.

L'hôtel du ministre a subi de nombreuses révolutions, car tous ceux qu'on y a logés depuis 1791, y ont opéré des démolitions et des constructions sans nombre, au gré de leurs aises et de leur caprice, et cela avec d'autant moins de parcimonie que le trésor public n'a jamais refusé d'en payer les frais. Ce pavillon, attenant à la porte cochère, est le logement du suisse et de sa famille. La cour est spacieuse ; six longues marches conduisent au rez-de-chaussée, dont une porte vitrée, construite en ceintre, nous barre l'entrée : nous l'ouvrons, et nous nous trouvons dans un vaste vestibule aux dalles de granit ; les banquettent qui en garnissent les contours indiquent assez qu'il est le séjour ordinaire des laquais, des chasseurs, des cochers et des solliciteurs. Une large porte battante nous conduit de cette pièce à une belle salle, où quatre hommes vêtus de noir montent la garde, la chaîne au cou; ce sont des valets qu'on est convenu d'appeler huissiers, et qui vont nous annoncer à Son Excellence. Une double porte nous mène au salon de réception; nous traversons la *salle des pas perdus*, (voyez le dictionnaire) et nous voilà nez à nez avec Monseigneur. Il attend que vous vous expliquiez, mais, du moment que vous n'avez que faire de ce personnage, tournez-lui le dos poliment, et continuons l'inspection commencée. Je vais vous introduire dans la salle la plus importante de toutes: j'ai nommé la *salle à manger*. Elle communique à la *salle de billard*, et celle-ci à la salle du conseil (voyez le dictionnaire). N'admirez-vous pas cette distribution? ne remarquez-vous pas avec quelle attention on a su entremêler les lieux de fatigue et de délassement? avec quel art on vous a fait

Passer du grave au doux, du plaisant au severe ?

Montons au premier étage. Là de nombreuses cloisons ont multiplié les appartemens. Une moitié est destinée à la famille et au ménage du ministre, l'autre est consacrée aux nécessités du travail et des affaires : c'est là qu'est le cabinet de travail de Son Excellence, et celui du secrétaire intime, etc.

Nous aurions encore à parcourir ces deux ailes de bâtiment où toute la suite de monseigneur occupe plus ou moins d'espace, selon la hiérarchie des emplois. Le *secrétaire-général* et sa famille, le *caissier du ministère*, le *chef de bureau des dépenses intérieures* (voyez le dictionnaire), l'architecte, le menuisier, le serrurier, le porteur d'eau, le cocher qui voiture les dépêches à la grande poste, et les bêtes de somme qui concourent à ces deux derniers services, ont eu droit, de tout temps, au gîte gratuit, sous le toit ministériel. Nous n'en finirions pas s'il fallait visiter tout cela, et nous allons passer à la cour voisine où sont situés les bureaux. — Et la *cuisine*? — Miséricorde! j'allais la passer sous silence. Elle se prolonge dessous le rez-de-chaussée; et vous distinguez d'ici, à travers les barreaux de ses croisées enfumées, les bonnets de coton de ses nombreux employés (voyez le dictionnaire). J'oubliais encore de compter, après les logemens d'usage, les logemens d'abus : le secrétaire-général, par exemple, a un neveu, le caissier un cousin, le chef des dépenses un beau-fils; dès-lors le second et le troisième étage sont livrés en proie au népotisme; tout l'art de la cloison est employé à les diviser en petits appartemens.

Nous aurions trop de peine à nous reconnaître dans ces enfilades de couloirs, de corridors, de portes bâtardes ou dérobées qui conduisent aux différens bureaux. Les solliciteurs s'y rencontrent eux-mêmes plus d'une fois désorientés. Grandes pièces où se tiennent les directeurs-généraux; pièces plus modestes où travaillent, isolés, les chefs de bureaux et les sous-chefs; enfin, petits compartimens où les employés sont attachés à leur chaîne de sept heures, voilà les bureaux. Tout cela comprend d'ordinaire un personnel de cinq à six cents écrivains, calculateurs, rédacteurs et copistes, deux cents pièces, plus ou moins, où l'on fabrique la circulaire et le rapport.

Vous me demandez ou courent ces visages affairés qui se croisent en tout sens : eh ! faut-il vous le dire ? à cette encolure fluette, à cette épaule voûtée, à cette jambe serpentante, à ce sourire caressant, qui ne reconnaît les solliciteurs ? Ils affluent de tous les points de la France, et c'est à leur école surtout que nous avons appris la langue ministérielle. Par un heureux échange, nous avons voulu l'enseigner aux solliciteurs aspirans. De là notre dictionnaire. Nous avons dû nécessairement leur donner, avant tout, une idée des lieux où leur vocation les appelle. On est toujours moins étranger dans les parages dont on a la carte topographique.

PETIT
DICTIONNAIRE
MINISTÉRIEL.

A.

Abandon. Un ministériel *abandonne* tout, excepté ses places. Amis, parens, bienfaiteurs, il sacrifie tout à son intérêt. On le voit dans tous les temps, dit Chénier,

De la cause publique afficher l'abandon.

Abbé. Nous savons tel général qui gagnait autrefois des batailles, qui suit aujourd'hui des processions, et qu'une soutane d'*abbé* accommoderait bien, s'il n'était trop tard pour la prendre. Depuis que le titre d'*abbé* mène à tout, à la fortune, aux honneurs, aux évêchés, aux chapeaux de cardinaux, à la tiare, voire même à l'Académie, et par exception à la police correctionnelle, tout le monde y vise.

Abîme. C'est au ventre de la Chambre que vont *s'abîmer* toutes les oppositions généreuses.

Aborder. On *n'aborde* jamais une Excellence, un directeur-général ou un premier commis, sans une inclination profonde et un panier de truffes sous le bras.

Abrégé. Un libraire, ami du scandale, priait un écrivain de s'occuper de la rédaction d'un ouvrage intitulé : *Des sottises des gens en place.* — Combien voulez-vous de volumes ? — Vingt volumes. — Je ne le puis, je n'aime pas les *abrégés.*

Abus. La liberté de la presse, celle des consciences, l'enseignement mutuel, les encouragemens à l'industrie et les discours des députés indépendans, *abus! abus! abus!*

Académie. Corps scientifique ou littéraire : on est *académicien* par ordonnance, ou par la grâce de MM. Roger, Auger et compagnie.

Accepter. C'est le verbe qu'un ministériel conjugue le mieux. On rapporte que M. de Peyronnet, congédiant l'autre jour M. Avoine de Chantereine, sur qui tombe depuis longtemps la manne ministérielle, et qui n'en a pas moins les mains ouvertes pour *accepter* toujours, lui dit avec bienveillance : Monsieur, je vous donne... — *J'accepte*, répondit aussitôt M. Avoine. — Le bonjour, continua monseigneur.

Accord. M. de Villèle est *d'accord* avec le Journal de Paris; M. de Damas avec le Drapeau blanc; les jésuites avec l'Etoile, et les Turcs avec la Gazette.

Adhésion. Signature de confiance qui n'engage à rien, et qu'on peut traduire par ces mots : *J'adhère* à la conservation de mes places. C'est ainsi que les hommes élevés en dignité par Napoléon ont *adhéré* a sa déchéance.

Administrer. Tenir table ouverte. Engraisser les uns de la substance des autres, et se bourrer soi-même jusqu'au gosier.

Affaires. Prendre son chocolat à Mont-Rouge , entendre la messe à Saint Sulpice, jouer à la bourse, dîner rue Thérèse, chez l'honorable M. Piet, se montrer en soirée rue de Rivoli chez M. de Villèle, voilà ce qu'un ministériel appelle des *affaires*.

Agent d'affaires. Voyez-vous ce privilégié qui arrive au ministère en tilbury, s'elance sur le perron avec assurance, franchit le grand escalier, et fait signe au garçon de bureau, lequel écarte la foule pour lui faire place? C'est un *agent d'affaires* qui a mis la main aux 637 millions de liquidation; et qui est à la piste des créances Ouvrard.

Agiotage. Friponnerie de bon ton; moralité ministérielle. Voy. *Bourse.*

Aigle. C'est le roi des airs. Les ministériels l'ont en aversion, depuis qu'ils ne l'adorent plus.

Allégorie. Figure de rhétorique que MM. du centre confondent avec l'hyperbole. Quand M. Dartigaux, procureur-général et député, faisait naguère l'éloge de d'Aguesseau en face de M. de Peyronnet, il s'exprimait par *allégorie.*

Amabilité. Elle consiste à promettre au commencement d'une phrase tout ce qu'on refuse à la fin.

Ambition. Il ne s'agit point de celle qui a pour but la gloire, pour moyens le mérite; mais de celle qui ne veut que des places et de l'or, qui n'emploie que la bassesse et l'adulation, et qui tombe à deux genoux devant un portefeuille de ministre.

Ame. Un ministériel affecte d'y croire, mais se dispense d'en avoir.

Amendement. Mauvaise plaisanterie des députés de l'opposition, qui retarde souvent le dîner de MM. du ventre.

Amis. Lisez *convives*, *serviteurs*, *valets*, etc. Ils ont poussé le zèle, en 1814 et 1815, jusqu'à chanter aux cosaques qui nous envahissaient : Vive nos *amis* les ennemis ! les cosaques cependant ne partageaient leur dîner avec personne, mais nos ventrus espéraient les aider à manger le nôtre.

Amorces. Les mots pensions, décorations, sinécures, truffes, ortolans, madère, etc. sont des *amorces* auxquelles on ne résiste pas.

Amortissement. De quoi ? de la dette publique ? — Non, mais de l'esprit public. Demandez à M. Josse-Beauvoir des nouvelles du comité de la rue Tournon, où l'on discute à quel taux on *amortira* les journaux qui ne veulent pas se vendre.

Anarchie. Eau trouble où un ministériel trouve toujours à pêcher quelque chose.

Antichambre. Grande pièce carrée, communiquant au salon ou au cabinet de Son Excellence. Le ministère a beau changer, ceux qui en peuplent les *antichambres* sont inamovibles. L'huissier chargé d'annoncer leurs noms est tellement accoutumé aux mêmes visages, que l'absence de l'un d'eux lui fait l'effet d'un meuble qui manque. Pilier d'*antichambre* et ministériel sont donc synonymes.

Apostille (demander une). Envoyer un panier de Chambertin.

Appétit. Thermomètre du dévoûment ministériel.

Appointemens. Ils augmentent en raison de la servitude de celui qui les reçoit ; c'est un liniment anodin pour les humiliations, les mépris et les sarcasmes dont la carrière ministérielle est parsemée.

Arbitraire. C'est par lui que nos ministres croient pouvoir se soutenir : ils sont au reste on ne peut mieux servis ; leurs créatures ont fait de l'*arbitraire* sous tous les régimes, et cela d'autant plus volontiers qu'elles savent se tirer de dessous quand le pouvoir qui les soudoie est brisé. D'ailleurs le règne commode de l'*arbitraire* est plus lucratif que le règne révolutionnaire des lois.

Argumens. Les plus concluans vous viendront toujours au moment de vous mettre à table. Ce sont des inspirations d'estomac qui vous les fournissent.

> Pareil à ces Solons de qui la nappe mise
> Eclaire tout à coup la prudence indécise,
> Et dont les *argumens*, pour trancher les débats,
> N'ont jamais tant de poids qu'à l'heure des repas

Arlequin. Tel personnage, que nos lecteurs nommeront au besoin, a pris la patience de rapporter sur la doublure de sa robe de chambre une pièce de tous les costumes qu'il a endossés depuis trente ans. Il s'est promis de laisser percer, suivant le temps, la couleur dominante, afin de marcher toujours avec les évenemens. Assurement le dessous de cette robe de chambre est un habit d'*arlequin*, à moins que ce ne soit une robe courte.

Armée. L'armée ministérielle occupe toujours le centre de la lice; cette légion nombreuse, que l'appétit gouverne et que M. Piet commande, obéit respectueusement au moindre signal de son chef. Il n'y a que la faim qui puisse la faire entrer en révolte; et si elle prenait fantaisie de se soulever, ce ne serait assurement qu'après cinq heures.

Arrogance. Celle des bureaucrates est passée en proverbe.

Artistes « Il y en a trop, disait avec
« infiniment d'esprit M. de Corbière,
« plutôt que d'encourager, par la pen-
« sion qu'on me demande ce jeune
« peintre à continuer l'etude des arts,
« je donnerais volontiers six cents li-
« vres de mon revenu pour qu'il se fît
« tailleur ou cordonnier. »

(Historique.)

Assiette.

Un soit jaloux maintes fois inquiete
L'honnete homme qui n'en peut mais,
Mais l'heureux ventru jamais
Ne sort de son *assiette.*

Attachemens. Voyez *Places* , *Pensions* , *Table ouverte* , etc.

Audace. Il en faut pour affronter les
mauvais momens des ministres et des
hauts fonctionnaires; il en faut aussi
pour braver l'indignation publique
quand vos forfaitures l'ont soulevée.
Audaces fortuna juvat fut toujours
l'adage des intrigans.

Audiences. Le roi Saint-Louis don-
nait deux *audiences* par semaine; nos

ministres n'en donnent qu'une. Saint-Louis les tenait de sa personne royale ; nos ministres délèguent ce soin à un directeur-général qui le délègue à un chef de bureau ; mais le chef de bureau n'est point aussi facilement accessible que Saint-Louis.

Automate. Voyez *Fonctionnaire-électeur.*

Aux voix ! aux voix ! aux voix ! Lisez : à table ! à table ! à table !

Avancement. Il importe fort peu qu'on en mérite, il suffit qu'on en obtienne.

Aveugle. Dans le royaume des *aveugles*, les borgnes sont rois ; et c'est ce qui explique l'ascendant de M. de Villèle sur ses collègues.

B.

Bâillon. Les sicaires de la police en feront usage au besoin, quand celui à qui ils s'en prennent voudra ameuter les passans. On *báillonne* avec une pension le folliculaire qui ne consent pas à écrire pour, mais qui pourrait écrire contre ; avec une préfecture, le député nouvellement élu, quand son penchant l'entraîne vers les bancs de l'opposition.

Bassesse. On parvient souvent à force d'audace, nous en sommes demeurés d'accord ; mais on arrive encore plus loin à force de *bassesse*. Cette dernière qualité expose d'ailleurs à moins de dangers que la première. Le gazetier Mar... se fait escompter ses *bassesses* en gratifications ; il les porte sur ses états de service.

Bataille. L'armée ministérielle est campée, comme nous l'avons dit, au milieu de la lice ; c'est dans cette position qu'elle crie *houra* sur la droite et sur la gauche du champ. Elle a la valeur numérique ; ses armes sont l'ordre du jour, la question préalable et la clôture pour les combats journaliers; les circulaires, l'eau bénite de cour et les destitutions pour la *bataille* des élections et les chaudes affaires.

Bévue. Solécisme d'un homme en place à qui il échappe de vous dire sa façon de penser.

Bien. Le *bien* n'est pas le contraire du mal ; pour un ministériel, c'est le *bien-être.*

Bien-penser. Bien spéculer ; *penser* comme les ministres.

Boue. Elément de ces Messieurs ; ils y font tache. Demandez plutôt au cosaque D.....

De sa bassesse en vain sa fortune se loue·
On a laisse D . ... se vautrer dans la boue,
Ses immondes profits n'ont pas lave l'affront
Des mepris infamans qui fletrissent son front

Blanc et Noir. Se dit de celui qui est royaliste de la joue droite, libéral de la joue gauche, et ministériel des deux mains.

Bon enfant. Dupe qui se laisse faire ; le peuple est *bon enfant.*

Boules. Petits corps sphériques dont le nombre et la couleur décident journellement de nos destinées. Un ministériel ne connaît que les *boules blanches.*

Bourse. Brelan public depuis que M. de Villèle en a la ferme.

Budjet. Gamelle ministérielle.

Bureaucrates. Hommes qui ne vous écoutent que d'une oreille, qui ne vous regardent que d'un œil, et qui regrettent le mot qu'ils vous adressent.

Bureaux. Dédale où vont se perdre à jamais les réclamations qui ne se fondent que sur le droit et la justice, mais où l'intrigue et l'ignorance trouvent toujours quelque chose à glaner. Le *bureaucrate* peut beaucoup pour

les autres et fort peu pour lui-même ;
il a toutefois droit d'arrogance tant
qu'il n'est pas réformé.

C.

Cabinet. C'est là que se passent
toutes les transactions qu'on n'oserait
hautement avouer. Celui qui serait à
même de révéler tous les *secrets de
cabinet* depuis quelques années, ne
pourrait que produire du scandale.
Le cabinet des Tuileries, c'est-à-dire
le ministère français, est le très hum-
ble serviteur des *cabinets* de Saint-
James, de Vienne, de Berlin, etc.
On dit que quand on vante tel ou tel
projet de la politique villéliste à M.
Canning, le diplomate anglais répond
par ce vers connu :

Sans mentir, il est bon à mettre au *cabinet.*

Caissier du ministère. Coffre vi-
vant, chargé de tenir à portée de Son
Excellence les écus qu'elle serait obli-

gée d'envoyer quérir au trésor royal,

Ce coffre a le secret des depenses secretes.

Caréme. Les abbés le prêchent, et s'en moquent *in petto.* Les vertus ne veulent pas même qu'on leur en parle.

Un pénitent a face blême
Leur dit un jour   mes fils , jeûnez-vous en carême ?
— Nous , jeûner ! ah , l'original !
Non , corbleu ! le carême est notre carnaval.

Cartons. Cimetière des pétitions.

Cela ne me concerne pas. Solution très convenable qu'un chef de bureau jette sans cesse au nez des solliciteurs après leur avoir fait longuement détailler leur affaire.

Censeur. Ferme soutien des saines doctrines ministérielles; Parque littéraire chargée de rogner les ailes aux écrivains qui veulent prendre un généreux essor et qui rougiraient de ramper comme elle. Un *censeur* n'est pas toujours favorablement apprécié. Il est, a-t-on dit mille fois,

Comme l'eunuque au milieu du serail.
Il ne fait rien et nuit à qui veut faire

Centralisation. Ceux qui tonnent contre elle se trouvent sans doute à l'extrémité des rayons, rien n'est plus avantageux que d'être fait *centre.* Là où le pouvoir *centralise,* toute l'attraction se réunit au siége des grandes administrations, ou, si l'on veut, des ministères. Quelque chétif que vous soyez, ne vous flattez pas d'échapper à cette force attractive. Qui de nous, par exemple, ne s'est pas vu contraint une fois dans sa vie de faire une pétition à quelque Excellence? nous sommes autant de petites aiguilles aimantées dont le pouvoir est le pôle.

Charade.

Dans mon second, si mon entier
Allait visiter le Tartare,
Qu'avec plaisir, dans mon premier,
On sonnerait une fanfare !

(Par un employé au ministère de l'intérieur).

2

Charité. *Charité* bien ordonnée commence par soi-même.

Charte. Voyez *Hors-d'œuvre*.

Chef de bureau des dépenses intérieures. C'est une miniature du secrétaire-général. Ce chef crie par état à l'économie, ce qui n'est pas mal joué : il plaint le papier, les plumes, l'encre ; il va sans cesse soufflant les chandelles, retirant des poeles les bûches que la main prodigue du commis y précipite. C'est un véritable éteignoir.

Circulaire. Son nom exprime assez bien qu'elle est appelée à faire le tour du royaume ; elle est l'idole du commis ministériel et l'effroi des commis départementaux ; elle jouit du privilége de nommer des députés et de destituer des préfets.

Clôture. Texte de tous les discours de ces messieurs; ce mot renferme toute leur éloquence. M. le baron d'Anthès a été surnommé le général de la *clôture*.

Cœur. Les royalistes se seraient presque rangés de l'avis de Sganarelle, et auraient bien voulu placer le *cœur* à droite ; ils l'ont laissé à gauche pour échapper au ridicule. Les ministériels ne sont pas si timorés : il l'ont relégué avec leur conscience ; ils ont conséquemment le *cœur* au ventre, en dépit du qu'en dira-t-on ?

Comité du conseil d'état. Chaque ministère emporte avec lui une section du conseil d'état, composée de six conseillers, deux maîtres de requêtes et d'un vice-président. Ce *comité* est purement consultatif. Les ministres sont à son égard comme ces Léandre de comédie qui cherchent auprès d'un oncle des avis sur le mariage qu'ils ont envie d'accomplir. « Je ne vous le conseille pas, reprend l'oncle consulté. » Léandre prend femme le lendemain.

Commis. Les rois de l'antiquité avaient coutume de sacrifier quelques quadrupèdes en signe d'alliance : c'était une génisse blanche ou un mouton. Les alliances d'un ministre avec le côté économique de la chambre exigent aussi des victimes : ce sont les *commis*.

Commissaire de police. Le fonctionnaire le plus éminemment utile après le receveur des contributions.

Conscience. On demandait à quelqu'un quel était l'homme de France qui avait le plus de *conscience* ; c'est M. de Villèle, répondit-on. — Pourquoi ? — Parce que c'est lui qui en a le plus acheté.

Conspiration. Procédé ministériel fort commode pour se débarrasser de quelques mauvaises têtes et obtenir des lois d'exception.

Convertir.

Un monseigneur, financier des plus minces,
Et qui se croit un grand homme d'etat,
N'a pas long-temps dit à certain prelat :
Convertit on un peu dans vos provinces?

L'homme de Dieu lui repond Monseigneur,
Croyez qu'afin de gagner un pêcheur,
Nous sommes tous remplis de saintes flammes.
Lors brusquement lui repond le Crésus
Eh donc! sandis , il s'agit des écus ,
Quant à present , et pas du tout des âmes

Convocation des colléges. Distribution de dindes truffées , de bureaux de tabac et de croix de la Légiond'honneur.

Conseil des ministres. Pétaudière où M. de Villèle raisonne morale ; M. de Corbière, bouquins ; M. de Peyronnet, tierce, quarte et dégagez. On s'y occupe de tout, excepté des intérets de l'état.

Constructions. Nécessité ruineuse pour le budjet , mais très profitable aux architectes du gouvernemment.

Contribuable. Citoyen français.

Cordon rouge et *Cordon bleu.* Les ministres s'en servent pour mener les hauts ventrus en lesse. Le *cordon rouge* était naguère le plus estimé;

aujourd'hui le *cordon bleu* obtient la
préférence. Les cuisinières en font
un grand cas, et, *vice versâ*, ceux
qui le sollicitent font grand cas des
cuisinières.

Courbette. Moyen d'élévation.

Cuisine. La *cuisine* d'un ministère
n'a pas moins d'importance que les
bureaux ; elle a ses directeurs généraux, ses chefs et ses employés, qui
n'ont ni moins d'orgueil, ni moins de
vanité que les commis, auxquels même
ils ne craignent pas d'emprunter le
vocabulaire administratif. On les surprend à dire qu'ils sont de conseil,
qu'ils ont comité : c'est tout simple-
ment une réunion où il s'agit de déli-
bérer sur le choix du rôti. On a quelquefois entendu le chef d'office refuser une invitation en donnant pour
excuse que c'était son jour de travail
avec le ministre : ce qui veut dire tout
bonnement qu'il prendra les ordres du
secrétaire-intime pour connaître le
nombre des convives.

Cuisinier. Être universel, qui imprime le mouvement à toute la machine politique.

> Un cuisinier est tout · en maître de la terre
> Il tient dans ses poelons et la paix et la guerre,
> Fricasse des faveurs, assaisonne un emploi ;
> Aux postes eminens ses ragoûts font elire :
> Et c'est lui qui peut vraiment dire ·
> Place. messieurs, l'etat, c'est moi '

D.

Décisions contradictoires. Le ministérialisme ne marche qu'à leur aide.

« L'orateur offrant à la chambre le ta- « bleau de sa jurisprudence sur les pé- « titions, ne désespère pas de lui voir « prendre en dix minutes deux *déci- « sions contradictoires*, puisque dans « l'espace de dix jours elle a rendu sur « le même sujet deux jugemens entiè- « rement opposés. » (On rit.) Séance du 29 avril 1826.

La chambre riait à ses propres dépens ; mais cela ne tire pas à conséquence.

Déconfiture. Voyez trois pour cent et droit d'aînesse.

Délateur. Honnête homme en crédit à la préfecture de police.

Démission. Voyez *Disgrâce.*

Dépouiller. Dépouiller un homme, c'est le voler. On *dépouille* les votes aux élections.

Député. Homme qui prête serment de fidélité aux ministres, moyennant salaire.

Destituer. Moyen ingénieux d'avoir toujours raison.

Dévouement. Mot sonore et magique; il dispense d'esprit, de raison, de probité et de vertu, et quelquefois de courage. Au bruit de ce mot retentissant, toutes les portes de la faveur tournent sur leurs gonds, le suisse se redresse à côté de sa hallebarde, et le chambellan salue; fortune, cordons, dignités, pouvoir même, le *dé-*

vouement procure tout ; il fascine la vue la plus pénétrante, il surprend les consciences les plus attentives, et réussit également bien pour tous les régimes.

Digérer. Un ministériel *digère* aussi facilement l'indignation publique que les truffes de ses patrons.

Dîner ministériel. Cérémonie où l'on décide, par le mouvement des mâchoires, des moyens d'amaigrir le peuple.

Tout s'arrange en *dînant*, dans le siecle où nous sommes,
Et c'est par des *dîners* qu'on gouverne les hommes.

Dindon. Les Jésuites ont naturalisé chez nous ces succulens animaux ; et, comme un bienfait n'est jamais perdu, les ministériels ont en grande vénération les révérends pères.

Directeurs-généraux. Ils datent de la restauration ; ils sont trois ou quatre par ministère, de sorte qu'un *directeur-général* équivaut à peu près à un quart de ministre. Il reçoit qua-

ıante mille francs d'appointement,
indépendamment de ses autres places.
Il est défendu des importunités par
quatre garçons de bureau, et on luı
tolère l'huissier.

Discours, Discussion.

Eh ! cela fait toujours passer une heure ou deux

Disgrâce L'heure de la *disgrâce* a
sonné ; le ministre seul ne l'a pas en-
tendue. Il ignoıe ce que tout le monde
soupçonne. Il ne peut se défendre
toutefois d'une inquiétude ʋague,
qu'il ne définit pas encore bien. Le
couvert est mıs ; MM. Sallaberıy
et Chifflet, députés du centre, n'arri-
vent pas. Cette absence inaccoutumée
est de mauʋais augure ; Son Excellence
ıougıt, coımmande les chevaux, et,
quelques efforts qu'on fasse pour la
ıetenir, se fait conduire à la cour.
Chacun se dérange à son aspect, mais
c'est pour l'éviter. Elle doute encore,
loısqu'elle est abordée par l'un des
députés qui manquaıent à son dîner, et

...ni lui confirme... « En êtes-vous bien
sûr, reprend l'ex-ministre ?—J'ai dîné
chez votre successeur, réplique froi-
lement le député. »

Droit d'aînesse. Voy. *Déconfiture.*

Je serai le *cadet* et tu seras l'*aîné.*

disait Sosie à Mercure, dans la pièce
d'Amphytrion.

Non, je veux être fils unique,

répondait Mercure. « Il paraît que le
drôle y prend goût, ajouta un plai-
ant du parterre, à propos de ce der-
ier. »

Droit. Un estomac ne perd jamais
es *droits*, et voilà pourquoi lorsque
inq heures sonnent à la pendule de la
hambre, les cris mille fois répétés :
a clôture ! la clôture ! à demain ! s'é-
èvent de tous les estomacs du centre.

E.

Eau bénite de cour. Elle tient à la

diète nos ambitions et nos intérêt
elle finit même par les user comm
nos habits avec des délais et des r
mises. Les ministres en aspergent l
solliciteurs à toutes les audiences.

Échelle. On lit dans un vieux rab
bin : Dès que tu seras monté, ren
verse d'un coup de pied l'*échelle.* C'e
le conseil du diable à ses disciple
C'est la maxime de presque tous le
gens qui grimpent : gens qui serve
d'*échelle*, profitez de la leçon.

Economie. Voy. *Destitution.*

Electeur. Personnage qui, moyen
nant cent écus de rente, concourt
la nomination des députés de son dé
partement. Tout *électeur* peut vote
selon sa conscience, pourvu qu'il n
soit pas fonctionnaire public , e
qu'il n'ait ni frères, ni enfans, n
oncles, ni cousins, ni gendres, ni ami
sur lesquels les ministres puissent s
venger de l'indépendance de son vote

Enchère. Voy. *Vénalité.* Un solli-
teur mécontent avait écrit au crayon,
r la porte d'une antichambre pleine
e ventrus , le quatrain que voici :

Son Excellence , hélas ! les a mis à l'*enchère* ;
Et , de peur d'accident , elle tient les vaincus
Toujours entre deux feux d'une part les écus ,
    Et de l'autre la bonne chere.

Enthousiasme. Sentiment d'admi-
tion que l'on simule en écoutant les
scours de MM. Piet et Villèle, mais
ont on ne peut se défendre à l'as-
ect de leurs cuisiniers.

Epiciers. Honnêtes industriels qui
hètent au poids de marc le papier
ont les solliciteurs encombrent les
rtons du ministère.

Epuration. Mérite qui sort, sottise
ui entre.

Esprit de parti. Un ministériel ne
prononce point par *esprit de parti,*
ais selon *l'esprit des partis.*

Et sous quelque drapeau que vienne l'engager
Des factions la fortune inégale ,
Il demeure fidele au *parti* qui regale ,
Dût il mille fois en changer.

Estime. C'est la chose du mon dont ces messieurs se mettent le moi en peine.

Excellence.

Ce monde est un grand bal où les fous déguises
Sous les risibles noms d'*excellence* et d'altesse ,
Pensent enfler leur être et hausser leur bassesse.

Exil. Voy. *Amnistie.*

⚊ F.

Fausse position. Beaucoup de ge passent leur vie à se trouver da une *fausse position*, tantôt dans parti, tantôt dans l'autre: et cela a s périeurement réussi à plusieurs d'e tre eux: de pauvres ils sont deven riches , à force d'être du côté où n'auraient pas voulu être , et de se vir des intérêts qu'ils détestaient.

Femmes. La restauration leur a rendu une partie du pouvoir que la réublique et même l'empire leur avaient fait perdre. Elles ne sont pas étrangères aux élections ; quelques-unes administrent des préfectures, pendant que leurs maris sont à la chasse. Elles connaissent à fond tous les dédales de l'hôtel d'un monseigneur ; un sourire y a conquis souvent des épaulettes à gros grains ; des yeux noirs et sémillans une recette générale.

Fidélité. Exactitude à toucher ses appointemens.

Foi ministérielle (avoir la). Fermer les yeux et tendre la main.

Fonctionnaires. On en compte en France plus de soixante mille : imaginez quelle doit être la puissance d'action de leur soixante mille femmes, autorisées aujourd'hui à jeter quelques fleurs sur l'administration, à introduire de la grâce dans le recrutement, de la tendresse dans les finances , et de l'amour dans les fournitures !

Fourchette. C'est l'arme avec laquelle un ministériel manœuvre le mieux. Elle lui sert à raccrocher, non-seulement de bons morceaux, mais de bons emplois; elle le pousse, au besoin, à l'académie.

Vous pretendez ronfler au milieu des quarante.
Que de mille rivaux , epris du même orgueil ,
Les titres à la main , la foule se presente.
Elle va se briser contre un terrible ecueil
C'est votre cuisinier ! il vous fait place nette ,
Et vous emportez le fauteuil
A la pointe de la fourchette !

G.

Galimatias. Éloquence ministérielle.

Gaspillage. Voyez *Marchés de Bayonne*.

Gastronomie. Art de fermer la bouche en l'emplissant.

Gendarmerie. Garde-d'honneur de la police et de la congrégation.

Genoux. Marcher à deux *genoux*, moyen d'arriver vite.

Girouettes. Leur origine est très ancienne; elle remonte jusqu'au bon vieux temps de la féodalité. A cette époque, il n'était permis qu'aux nobles d'en faire placer sur leurs châteaux, comme marque de leur puissance; aujourd'hui tout le monde peut en avoir, et elles se sont tellement multipliées, surtout depuis une certaine époque, qu'il n'y a guère de maisons où l'on ne puisse compter une ou plusieurs *girouettes*.

Gosier. C'est de tous ses organes celui dont un ministériel se sert le mieux.

Gratter. On met sa comptabilité en ordre en *grattant* les registres.

Guet-à-pens. Projet de loi dont le premier article est le dernier.

H.

Habit. C'est la chose, assure-t-on, dont un ministériel change le plus souvent; on se trompe : son costume a du lustre, d'accord; mais regardez-y bien, ce n'est, les trois quarts du temps, qu'un *habit* retourné.

Habit retourné. Voyez Chambellan.

Hautesse. M. de Villèle a déjà songé à substituer cette qualification à celle de majesté par amitié pour le sultan Mammouh.

Histoire. Elle doit être partiale, disait un jour M. Roger. — Qui se sent morveux se mouche, lui répondit-on. — Le gros de la phalange ministérielle est à cet égard toute rassurée : ceux qui la composent sont en général trop obscurs pour avoir quelque chose à craindre.

Hommes de cour. Ne ressemblent-ils pas à des cruches qui ne se remplissent qu'en se baissant?

Homme-marchandise. L'homme-marchandise a cours sur la place comme toutes les denrées; il se vend à prix d'or, se transmet par l'intermédiaire des courtiers, s'aliène à toujours, ou se loue pour un temps. On l'achète au comptant ou à terme, livrable à l'échéance fixe ou immédiatement. La seule différence qu'il y ait entre les autres marchandises et celle dont nous parlons, c'est qu'elle se vend d'autant mieux qu'elle est plus corrompue, qu'elle a d'autant plus de prix qu'on lui reconnaît moins de valeur.

Honneur.

L'honneur sans les honneurs n'est qu'une maladie.

Honoraire. Une place sans fonctions est à la rigueur une place *honoraire;* mais comme un sinécuriste est censé moralement en activité, on lui donne souvent un double qui n'est qu'*honoraire.* C'est ainsi que nous avons, par exemple, des chanoines *honoraires*. L'*honoraire* et le sinécuriste font au demeurant la même besogne ; l'un et l'autre touchent les *honoraires* de l'emploi qu'ils ne remplissent pas.

Huissiers. Laquais habillés de noir, qui crient le nom du porteur d'audience, et qui écoutent la sonnette du ministre pour lui apporter de l'encre, des plumes, de la poudre ou du papier ; il est quelquefois arrive à de pauvres diables qui manquent d'habitude de prendre l'un d'eux pour Son Excellence.

Humilité. Excès de désintéressement qui empêche de refuser une douzaine de sinécures, parce que monseigneur n'en a que faire, et qu'elles pourraient tomber en de méchantes mains.

Hurlemens. Logique des partisans de Son Excellence quand on attaque son administration.

I.

Importance bureaucratique. Le chef du bureau, le sous-chef, l'expéditionnaire sont d'autant plus portés à se croire des personnages, qu'ils parlent toujours au nom du ministre. *L'importance bureaucratique* trouve un inépuisable aliment dans les cartons et la paperasse. Un commis, flanqué de son répertoire et de ses numéros, vous demande avec hauteur votre nom, vos prénoms, et, après avoir longuement feuilleté et refeuilleté, fier d'en avoir fait la découverte, il vous dit : « Vous voilà ; vous vous « appelez Dupré, » et il rehausse son col et sa cravate. •

Impôts. Écot que paient les sujets à l'état. En Angleterre, pour soutenir des guerres injustes ou corrompre un parlement ; en Espagne, pour orner une châsse et payer le voyage de quelques religieux ; en Italie, pour héberger des cuirassiers allemands ; en Russie, pour enrichir des danseurs et des généraux ; à Rome, pour soudoyer de mauvais soldats et de bons chanteurs. Selon l'équité, les *impôts* doivent être également répartis ; mais, en France, on diminue les *impôts* d'un homme qu'on persécute, et l'on augmente ceux d'un homme qu'on protége : singulière faveur, et bizarre manière de marquer ses élus !

Indemnité de premier établissement. Elle est de 25,000 francs. Ceci rappelle que les mêmes hommes, qui ont été ministres quatre ou cinq fois, ont dû recevoir 100 ou 125,000 francs d'*indemnité de premier établissement.* C'est une prime qui ne laisse pas d'être encourageante. Si un homme d'état était assez habile pour faire quatre ministères par mois, son petit revenu s'élèverait à 1,200,000 francs, ce qui n'est pas rigoureusement impossible : nous avons vu plusieurs ministères de huit jours.

Indigestion. Calamité ministérielle qui empêche M. Gotteau d'Hancardrie de se rendre à une demi-douzaine d'invitations le même jour. L'honorable M. Piet, que quelques mauvais plaisans ont surnommé le restaurateur du ministère, porte aussi le surnom de l'homme aux *indigestions.*

J.

Je n'ai pas le temps. Réponse péremptoire, à l'usage des commis importans qui n'ont rien à faire.

Jésuite. Saint personnage, seul capable d'instruire la jeunesse française, parce qu'il sait fouetter d'une manière toute particulière : espèce singulière de moine qui s'accouple merveilleusement avec les ministres.

Jouer cartes sur table. Expression de M. de Villèle. Le joueur de gobelets retrousse ses manches en signe de bonne foi, et n'en escamote pas moins la muscade. Il joue *cartes sur table.*

Journalistes à gages.

Ils vivent d'inpudence ; au gré de qui les paie,
Leur critique ephémere ou s'attriste ou s'egaie ;
Tantôt elle est coûteuse et tantôt au rabais.
Damis tient pour la guerre, Ariste pour la paix ;
Et des deux gazetiers les plumes un peu vives
S'adressent le matin un torrent d'invectives ;
Ils sont, a les entendre, à jamais ennemis,
Le soir Ariste soupe et trinque avec Damis.
Et voila les grimauds que maint auteur encense !
Un cuistre à tant la page est presque une puissance.

Jury. Institution excellente tant que la nomination des *jurés* sera laissée aux préfets.

Justice. Qu'est-ce que la *justice?* — C'est le procureur du roi

L.

Lampions. Ils ne se sont pas encore avisés d'avoir d'opinion ; ils sont en cela tout-à-fait ministériels ; ils brûlent ou plutôt ils fument pour tout le monde.

Laquais. Quelques-uns sont en possession de faire de la faveur et de demander des graces. Ils ont cela de commun avec les femmes de chambre et les filles de l'opéra.

Laurier. Les ventrus ne l'aiment qu'à là sauce.

Lentilles. Depuis que la culture des *lentilles* est interdite, la propagation des dindons est favorisée.

Lettres de cachet. Locution inusitée aujourd'hui; mais on dit très bien lettres *décachetées.*

Libre. C'est être *libre* que n'être pas en prison.

Logique. Voyez *ordre du jour!* aux voix! la question préalable! à l'ordre! et la clôture!

Loyauté. Niaiserie.

Lubie ministérielle. Signifie en mainte occasion projet de loi.

Lutte électorale. Elle ne s'engage jamais sans gendarmes, sans télégraphes, sans passeports, sans cartes de sûreté, sans dégrèvemens.

M.

Mâcher. Faire de la politique.

Main. On disait autrefois avoir sa conscience sur la main; maintenant on dit dans la *main*.

Maintien. Celui d'un homme d'état varie à l'infini, suivant les circonstances. Le sourire obligé auprès d'un collègue que l'on hait, l'humilité dans la salle du trône, l'air profond au conseil, l'air triomphant au sortir du cabinet, le croisement des os brachiaux pour exprimer l'indifférence sous le feu croisé des accusations, l'art d'allonger le tibia dans une juste proportion et de ployer l'épine dorsale sans

avoir l'air de saluer ; la science de ré-
pondre sans rien dire, d'écouter sans
entendre, composent l'ordinaire *maintien* d'une Excellence qui sait se conduire.

Majorité. Table de trois cents cou-
verts.

Mandat. Celui d'un député du centre se borne à voter le budjet des ministres, à leur accorder tout l'argent
qu'ils demandent, à applaudir à toutes
leurs lois telles qu'elles soient, et à
retourner ensuite chez lui pour y jouir
des dignités dont on l'a chamarré.

Masque. Ces messieurs ont beau
changer de *masque*, on lit toujours à
travers.

Mécontens. Factieux qui veulent
qu'on gouverne par les lois.

Ministre. Un *ministre* est une sorte
de demi-dieu, à l'immortalité près.
L'atmosphère où il vit n'est point celle
où respirent les autres hommes ; elle

est toute parfumée d'encens. Comme les objets aperçus dans l'eau, elle nous raccourcit aux regards de Son Excellence ; et, quelque petite que soit sa taille, la tête de ses semblables lui va rarement plus haut que la cuisse. Cette illusion ne se dissipe que le jour ou le demi-dieu se voit forcé de se faire homme et d'abandonner l'empirée à son successeur.

Minorité, majorité.

Chaque parti, j'en ai l'expérience,
    Peut devenir minorité ;
Mais que m'importe à moi ? grace à ma conscience,
Je suis depuis trente ans de la majorité.

Minorité. Thomas Payne dit quelque part qu'il ne serait pas excessivement ridicule que l'usage fût établi de décider les affaires à la *minorité* des voix, au lieu de laisser à la pluralité le droit de faire la loi. Il se fonde sur ce qu'il y a beaucoup plus d'esprits faux que d'esprits justes : on est quelquefois tenté de penser qu'il n'avait pas tout-à-fait tort.

Moniteur. Le plus intéressant des journaux. C'est là que sont enregistrées toutes les promotions et toutes les graces ministérielles. C'est par le *Moniteur* que nos Excellences spéculent moralement sur notre crédulité, et popularisent le mensonge.

Morale. Lisez achat de consciences, roueries de bourse, ferme des jeux, loteries, mouchards et jésuites.

Musique. Ces messieurs ne l'aiment pas à jeun : elle guérit de la tarentule, mais non pas de *l'appétit.*

N.

Népotisme. Les ministériels l'ont converti en système, il ont réglé les degrés de ses droits aux revenus de l'Etat. On sait, dans l'antichambre de M. de Villèle, ce que coûtent, à livres, sous et deniers, un gendre, un neveu, un beau-frère; mais ce qui pullule par-dessus tout, c'est l'engeance des cousins: il y en a aux douanes, aux tabacs, aux sels, à la loterie. voire enfin à la police! Les cousins s'introduisent partout. La somme grugée par eux au grand ratelier du budget est incalculable.

Nez. Le *nez* du père Aubri aspirait à la tombe. Le *nez* d'un ventru, alléché par le parfum des coulis, n'aspire qu'à la table de monseigneur.

Honneur à toi, Chifflet! a tout drapeau fidele ,
Sous la main du pouvoir toujours agenouille ,
Qui t'avances le nez encore barbouille
    De sauce ministerielle !

Nouvelles officielles. Lisez officieuses.

O.

Office. Un ministériel bien dressé ne manque jamais, par le temps qui court, d'aller à *l'office* le matin; de faire un tour à *l'office* en entrant chez Son Excellence ; et le soir de remplir *l'office* de courtisan, quand il ne remplit pas *l'office* de délateur.

Oie. Chaque fois que les *oies* crient, il ne faut pas croire qu'on assiége le Capitole, mais qu'on veut rogner les portions.

Opiner du bonnet. Approuver et se taire, selon les uns, approuver et manger selon les autres.

> Eh donc, sandis! collegue Peyronnet,
> Tous vos discours font tort au ministere :
> Ayez au moins le talent de vous taire,
> Et n'opinez que du bonnet.

Opinion publique. C'est lé cadet dé mes soucis, disait l'autre jour en gasconnant M. le président du conseil.—Et des nôtres donc, répondirent en chœur ses nombreux convives! — Jé lé sais, mes amis, jé lé sais. Vos *opinions* à vous autres sont des sacs d'écus.

Opposition. Fléau du gouvernement représentatif. L'*opposition* est toutefois un mal nécessaire : si elle n'existait pas , les ministres auraient moins besoin d'être soutenus, et seraient par conséquent moins prodigues de leurs faveurs et de leurs graces.

Or. Métal par excellence. Il opère toutes les métamorphoses imaginables ; quelques poignées d'*or* rendraient demain le Drapeau blanc libéral et la Gazette raisonnable. On faisait autrefois la guerre avec des soldats et des généraux habiles ; M. de Villèle ne veut plus la faire qu'avec de l'*or*. Avec de l'*or* il sera toujours un homme de génie, et des rimailleurs lui adresseront des épîtres dédicatoires.

Ordre du jour. Conclusion habituelle des rapporteurs de pétitions. Elle est un peu plus favorable aux réclamans que le renvoi à Son Excell.

Organisation. Elle porte l'effroi dans le cœur des commis. Chacun cherche autour de soi s'il a quelque motif de réforme et tremble d'en rencontrer de trop plausibles. Celui-ci, par exemple, se rappelle qu'il a un cousin qui a été sous-préfet de l'empire ; cet autre, une sœur qui fut marchande de modes d'une reine déchue. L'un s'accuse en secret d'avoir plaisanté une phrase du journal ministériel, l'autre, d'avoir été prendre sa demi-tasse au café Lemblin. Tous enfin, en mangeant leur pain sec et en se désaltérant au pot-à-l'eau du ministère, craignent d'insulter à la misère publique : ils voudraient se dissimuler qu'ils appartiennent à quelque bataillon de ces armées de commis qui surchargent le trésor.

Oubli. Voyez *sermens.*

P.

Parlementer. Un convive de M. de Villèle, fraîchement débarqué de la province, demandait ce que signifiaient ces mots : donner des dîners *parlementaires.* Que vous êtes simple, répondit M. de Villèle, retournez l'expression : c'est *parlementer* par des dîners ; venez souvent chez moi, vous aurez bientôt appris cela.

Passe-moi la casse et je te passerai le séné. On se plaint au sous-chef des dilapidations de son agent ; mais l'agent dit au sous-chef : je connais les vôtres. On s'arrange et l'on se soutient même, vu qu'un honnête homme ne peut pas refuser de passer la *casse* à celui qui lui passe le *séné.*

Peste. Si elle avait des pensions à donner, la *peste* aurait des flatteurs.

Pétitions. Voyez *cartons, épiciers* et *ordre du jour.*

Peuple. Le *peuple* est fait pour payer les impôts, comme le bœuf est fait pour être mangé.

Place. Ces messieurs ne refusent aucune *place* ; ils poussent même la résignation évangélique jusqu'à demander les *p'aces* des autres, le tout pour la défense des bons principes.

Placet.

D'approcher du ministre aurai je la faveur ?
— Voyez d'abord ou Gaudiche ou Lourdoie.
— Mon placet à la main je monte plein de joie ;
La porte s'ouvre, et quel est mon bonheur !
L'Excellence m'admet, mais je crains qu'on ne triche .
Car en parlant à Monseigneur ,
Il me semble qu'il est ou Lourdoie ou Gaudiche.

Portefeuille. Chaque ministère a le sien. Ce sont autant de boîtes de Pandore, où n'a pu même rester l'espérance.

Pot-de-chambre. Je ne sais quel est le ventru qui a dit qu'il faut tenir le *pot-de-chambre* aux ministres tant qu'ils sont en place, et le leur verser sur la tête dès qu'ils n'y sont plus.

Pot-de-vin. Il fait partie du tour de bâton. Monseigneur, par exemple, vient de passer un marché de six mille chevaux : le marchand glisse furtivement sur la table un paquet de papiers soyeux et diaphanes. — Qu'est cela, dit le ministre feignant la surprise? — L'indemnité accoutumée. — Quelle indemnité? — 24 francs par tête de cheval environ, ou 150,000 fr. — Quoi! vous pouvez… — Monseigneur, c'est le *pot-de-vin*. — A la bonne heure.

Povéro. Povéro! s'écriait Aman, en montant au gibet, et il dut le répéter plus d'une fois, car la route était longue. La potence avait cinquante coudées, qui, réduites en mesures communes, équivalent à peu près à 75 pieds, ce qui, pour une excellence, est une hauteur raisonnable.

Povéro! s'écriait de son côté Mardochée, en quittant le cilice pour revêtir la pourpre. Peut-être pensait-il à la responsabilité des ministres.

Prendre. Je *prends*, nous *prenons*, vous *prenez*, ils *prennent* ; je *prenais*, je *pris*, je *prendrai;* c'est l'oraison dominicale des ministériels.

Prérogatives de la couronne. Rempart derrière lequel les ministres se retranchent toutes les fois qu'ils se voient attaqués avec trop de vigueur.

Préventions. Dans la langue ministérielle signifie condamnation.

Probité. Vertu privée qui s'oppose à l'entier développement des vertus politiques. —Art de ne pas faire des sottises d'éclat.

Protocole. Fonctionnaire impassible qui accompagne les refus, les disgraces, les faveurs et les récompenses d'expressions de civilité, de formes gracieuses et honorables.

Q.

Question préalable. « Il y a des « heures fatales à la discussion, » s'écriait M. B. Constant à la fin d'une séance de la chambre des députés. « On pourrait les appeler les heures « de la *question préalable*. » Que d'amendemens salutaires au peuple, il est vrai, mais nuisibles à ces messieurs, écartés par la *question préalable !* C'est la porte de derrière du gouvernement représentatif.

R.

Rabelais. Il disait que celui qui passait son temps à boire, manger et dormir, à manger, dormir et boire, à dormir, boire et manger, avait acquis la suprême science. A ce compte, nos ventrus seraient terriblement savans.

Raison.

La raison du plus fort est toujours la meilleure.

Ramper. Allure ordinaire pour parvenir.

Rappel à l'ordre. Quand Harpagon demande l'avis de maître Jacques, et que celui-ci est assez sot pour le dire sans feinte ni détour, quelques coups de bâton sont le *rappel à l'ordre* dont le maître offensé fait usage. *Rappeler à l'ordre* signifie donc faire rentrer la vérité dans le puits.

Responsabilité des ministres. C'est-à-dire inviolabilité des ministres ; M. de Frayssinous dirait infaillibilité.

Restaurateur. Voyez M. Piet.

Révérence. On rencontre partout de ces *révérencieux* personnages qui vivent, pour ainsi dire, courbés ; pour eux l'humilité est un besoin, la souplesse est une habitude, et l'esclavage une manière d'être ; ceux-là ne manquent jamais de faire la *révérence* à toutes leurs connaissances ; ils ne vous abordent, ils ne vous quittent, sans se mettre dans cette posture ; comme leur tête ne contient aucune pensée, ils croient que leurs gestes suppléeront au vide de leur cerveau. On dit de ces gens-là qu'ils ne sont fiers avec personne parce qu'ils sont rampans avec tout le monde, et ils nous rappellent ces hommes des vieux jours, que Labruyère a peints d'un seul trait, en les surprenant au moment où ils faisaient la *révérence* à leurs portiers.

S.

Sainte-Pélagie. C'est là que, grace au système d'égalité de M. Delavau, l'homme de lettres et banqueroutier, le député et l'escroc, sont pele-mêle confondus.

Salle à manger. C'est la pièce la plus importante du ministère. Quelle élégance ! quelle grace ! quelle propreté ! Vous demandez ce que représente le plafond ? Jupiter donnant à dîner aux dieux de l'Olympe. Considérez ces buffets, ces armoires et leur capacité. Cette table vous semble énorme ? Ne voyez-vous pas qu'elle peut recevoir encore des allonges aux quatre côtés? elle est calculée sur la plus grande échelle; il faut qu'elle puisse tenir à l'aise, et les coudées franches, les présidens des colléges électoraux. A cette table tous les intérêts doivent être représentés, ceux de la noblesse, du clergé, du tiers-état, et ceux de madame Chevet, qui appartient, je crois, à ce dernier ordre.

Salle de billard. Elle est annexée à la salle à manger. Un seul billard ne suffirait point à tant de digestions : il y en a deux, et l'espace est si vaste qu'aucune bedaine n'a à redouter une insulte de la queue d'un voisin.

Salle des pas perdus. C'est une grande pièce qui sépare le salon du ministre de la chambre des huissiers. Elle sert de lieu d'attente à certains personnages moins considérables mais plus considérés que le commun des solliciteurs, et qui obtiennent des audiences dites particulières.

Santé. Deux ventrus sollicitaient la même sinécure. L'un se rend chez Son Excellence, et rencontre son concurrent qui en sort: Comment vous portez-vous, lui dit-il aussitôt. — Tres mal. —Tant mieux, j'en suis bien aise ; et il entre chez monseigneur.

Scrupules. C'est ce dont un ministériel s'affranchit avec le moins de peine. Son Excellence lui dirait au besoin, en lui montrant la clef du coffre-fort :

Oui, sandis! je sais l'art de lever les scrupules ;
L'honneur defend, de vrai, certains contentemens,
Mais il est avec lui des accommodemens ;
Selon divers besoins, il est une science
D'étendre les liens de notre conscience.

Scrutin secret. Invention sublime pour ménager la pudicité des votes. M. Chifflet ne serait pas fâché, à coup sûr, qu'on eût adhéré à l'acte additionnel des cent jours par l'intermédiaire du *scrutin secret.*

Séances. Les ventrus se plaignent toujours de la longueur des *séances.*

Ils se fondent sur ce vers de Boileau :

Un dîner réchauffe ne valut jamais rien.

Secrétaire-général. Une Excellence qui arrive a toujours son *secrétaire-général* dans sa poche ; il est temporaire et éventuel comme elle. On l'avait surnommé l'eunuque du ministère, comme pour exprimer son inutilité ; mais quand on saura qu'il se charge, moyennant trois cent mille francs qu'on lui confie, de distribuer le papier et les plumes, le bois et les chandelles, les pelles et les pincettes, on reconnaîtra toute son importance et on l'appellera plutôt la femme de ménage de l'administration. Le meilleur local lui appartient de droit, après le logement du ministre.

Secrétaire intime. Une petite porte perdue dans la tenture conduit du cabinet de Monseigneur au cabinet du *secrétaire intime.* Cette dernière pièce sent toujours la cire à cacheter : une bougie y brûle continuellement en plein jour pour aider à clore des promotions et des destitutions. M. Gaudiche est le *secrétaire intime* de M. de Corbière.

Sédition. Moment critique pour un ministériel. Son indécision peut alors avoir des suites fâcheuses, et cependant il doit se garder avant tout de se compromettre. Tandis qu'il est à examiner d'où vient le vent, ne sachant trop quel parti prendre, la bonne occasion profite à un autre plus aventureux.

Serment. Espèce de faux-fuyant fort commode, qui n'engage à rien, quand on connaît les restrictions mentales.

Service. Chez un ministre, le premier *service* est une affaire d'administration, le second *service* une affaire d'état, et le dessert une affaire de haute politique.

Session. Epoque de ripaille, les

marchands de comestibles la trouvent toujours trop courte, et les ministres souvent trop longue.

Sinécure. Place dont on touche les émolumens et qu'on ne remplit pas. C'est une pension déguisée, une bague au doigt qui ne gêne à rien. Le nombre des *sinécures* qu'un seul ministériel pourrait cumuler est incalculable.

Superflu. Du nécessaire du plus grand nombre les ministres ont composé le *superflu* du plus petit. C'est dans ce double sens qu'ils citent ce vers d'Arouet :

Le superflu, chose si necessaire.

T.

Table (Se mettre à). Entrer en délibération.

Télégraphe. Fonctionnaire indispensable, perché à la cîme des clochers, et chargé d'accréditer les fausses nouvelles. Les badauds et les gobe-mouches sont toujours dupes de sa pantomime.

Téte. Voy. *Ventre.*

Tour du bâton. Revenu principal des hauts employés: les appointemens ne sont qu'un accessoire.

Trésor pub'ic. Caisse particulière, que remp'it le pauvre peuple et que ces messieurs se chargent de vider.

Tribune. Lieu d'où l'on peut louer les ministres à la face de la France et à la leur; les féliciter des maux qu'ils causent à la patrie, et les remercier des faveurs dont ils nous ont particulièrement comblés. Les ventrus néanmoins ne montent guère à la *tribune* que pour voter, et s'en tiennent à cette éloquence muette.

Trois pour cent. Voy. *Déconfiture.*

Entre Léonidas et monsieur de Villèle
On établit un parallele :

L'un conduit ses trois cents à la postérité,
L'autre ses trois pour cent à la mendicité.

Truffes. Elles commandent le dévouement, réunissent les suffrages, et composent les majorités.

V.

Vénalité. Nos excellences et leurs agens l'ont introduite partout. Ils sont parvenus à tarifer les graces, les faveurs, les délais, les promotions, les adjudications, les fournitures, les liquidations et les empiunts. Une cioix de Saint-Louis ou de la Légion-d'Honneur a son cours comme le sucre ou la cannelle La *vénalité* a surtout envahi les consciences : on vend ses opinions, on vend ses discours, on vend ses homélies, on vend ses éciits. La pensée tient boutique ; elle a ses étalages, ses enseignes et ses piix fixes.

Ventre. Siége des facultés intellectuelles.

Ventre affamé n'a point d'oreilles.

Nous connaissons tel député plus embarrassé de son *ventre*, qui chaque jour prend du développement , que du salut de l'État qui ne l'occupe guère qu'aux heures de séance.

Voix. A Paris on les vend ; à Londres on les achète.

FIN.

www.ingramcontent.com/pod-product-compliance
Ingram Content Group UK Ltd.
Pitfield, Milton Keynes, MK11 3LW, UK
UKHW020940120726
13693UKWH00004B/1438